U0657749

X书店

12 节虚构的语文课

当灾难发生

冯军鹤◎著

葛根汤◎绘

北京科学技术出版社

100 层童书馆

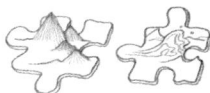

谁都不是一座岛屿，自成一体

每个人都是一个碎片，那广袤大陆的一部分

如果海浪冲掉一块土地，家园就小了一点

如果一座海岬，如果你朋友或你自己的庄园被冲掉

也是如此

任何人的死亡都使我受到损失

因为我包孕在人类之中

所以不必打听丧钟为谁而鸣

丧钟为你而鸣

——（英国）约翰·多恩*

---

* 十七世纪英国诗人约翰·多恩（1572—1631）的诗。美国作家海明威在他的小说《丧钟为谁而鸣》扉页上引用此诗，吴建国译，上海文艺出版社。

几乎每一天，都有战火在世界的某个角落燃烧。你大概认为战争距离你无比遥远。于是，谈论战争的时候，经常模糊乃至于粗暴。

第三节课，我们将一起想象战争，想象具体的人和他们具体的遭遇，同时阅读战争中那些真实的记录。

第4节课 时代与个人 / 51

你也许听过这样一句话：时代的一粒灰，落在个人那里，可能就是一座山。用这句话形容第四节课的小说《活着》很是恰当。

除了思考时代和个人的关系，我们还会在故事中遭遇这样一个问题：写作中，技巧和形式如何促进内容的表达？

第 **3** 节课
战争与死亡

一天清晨，战争突然降临。一颗铅灰色的炮弹在这座城市的街道上坠落。爆炸产生的碎片穿过枝叶繁茂的梧桐树，击穿玻璃后重重撞向天花板，发出巨大的响动。正在睡梦中的娜塔莎猛然惊醒。昨天，她刚刚度过了自己15岁的生日。

　　马老师念完屏幕上的文字，目光扫过整个房

间，停顿了一会儿。这是第三节课的开始。

马老师说我们要讲述一个故事，或者说，"创造一个故事"。她叫了一个同学，问他，娜塔莎惊醒后会做什么。

"会冲出房间，去找自己的爸爸妈妈。"

"你呢？"她问我。

"我觉得她会走到窗前，大胆地向外看。"

马老师转身走回讲台。"那我们就假设她走到了破裂的，甚至是碎了一地的窗户面前，向外张望。她会看到什么呢？请大家在本子上写下你想象中娜塔莎可能看到的事物。"

几分钟后，马老师让大家把娜塔莎可能看到的事物写在白板上。

弹坑、天空、梧桐树、逃跑的人群、士兵、坦克、被炸毁的大楼、自行车、帽子、清洁工……

"那我们来聊一聊天空。娜塔莎只要抬头，一定可以看到天空。你觉得她看到的应该是一个怎样的天空？"马老师轻轻拍了一下田芳的肩膀。

"阴沉的，甚至是下着雨的天空？"她不确定。

"一定是阴沉的天空吗？"

"不一定，"李昊然叫了起来，"我觉得最好是一个晴朗的天空，阳光洒满了街道，梧桐树的叶子一片浓绿。"

马老师看着他，等着他继续说下去。

"因为这样美好的一天，更能够衬托出战争的残忍。"

大家都难掩自己的惊讶。真是一个精彩的设计。

"非常不错的衬托。所以娜塔莎会在清晨无比灿烂的阳光下看到，"她的手指着白板上的词语，"逃跑的人群，看到坦克，看到被炸毁的大楼。但是，谁写的帽子、清洁工？可以解释一下吗？"

王渺举起手："清洁工是我写的。战争来了，有人会害怕，有人会逃跑。但也会有人留下来，或者说，既然什么都做不了，不如继续做自己的工作？"

马老师点了点头。

"帽子呢？子涵？"

她开口了，虽然有些迟疑，但声音是清脆的："有人逃跑的时候，帽子掉落在了街道上。"

"是一个什么样的帽子呢？"

子涵苦笑着，想了一会儿，说道："一顶红色的女式贝雷帽。"

"非常宝贵的细节。那么接下来，大家就把娜塔莎从窗口看到的一切写下来吧。写成一段完整的文字。五分钟的时间。"

五分钟后，李悠悠写的片段被马老师拍下来分享在了屏幕上：

娜塔莎朝窗外望去。她首先看到阳光洒在梧桐树上。叶子是耀眼的青绿。街道上一片狼藉。人群在断断续续地流动。呼喊声和汽车的鸣笛渐渐热闹起来。对面一棵梧桐树下，一位老人，也是一名清洁工，手里拿着一顶红色的女士贝雷帽，在四处张望。阳光也照亮了远方的路口，她看到一辆坦克车闪闪发光，正在缓慢地朝城外的方向驶去。

"那么，你觉得娜塔莎接下来的故事该如何讲述呢？"

"肯定要从城市里逃走呀，逃到没有战争的地区。"洪乐的嗓门很大。

"但是她不能逃走。"马老师表情严肃，"就像很多其他人一样，他们或者没有办法逃走，或者不愿意逃走。娜塔莎一家也不会逃走，因为她爸爸是一名军官。但是如果不能逃走，就只能在家里面待着吗？"

又是洪乐："肯定不能待在家里。会有危险，得去防空洞躲着，或者去地铁站里。"

马老师点点头。

"于是，一个小时后，在简单收拾以后，妈妈便带着娜塔莎来到了地铁站。"

屏幕上出现了一张图片。

"地铁站里已经有很多人了。他们在干什么呢？"马老师又叫了我的名字。

"肯定有人在哭泣。但应该也会有人在安静地发呆。他们不知道自己会遭遇什么。"

"我觉得还会有妈妈在照顾孩子，甚至给他讲故事。"

"有人戴着耳机在看电影。也应该会有人在

笑吧。"

"很有意思，非常丰富。大家看到了生活的韧性。接下来，我给每个人发一张便笺纸，请你们把娜塔莎身边的人可能在做的事情写出来。完成后粘贴在桌子中央。"

李昊然突然喊了一声："我觉得肯定得有不少人在打电话吧，因为要给自己的亲人和朋友报平安，或者询问其他朋友的安全。"

马老师笑了，说："那就写下来吧。"

于是，我们的故事中出现了一个边打电话边哭泣的老太太，一个冷漠地站在角落一言不发的中年男人，两个小孩在互相追逐，一个帅气的男孩躺在铺盖上睡着了。一个妈妈拿着一本绘本，和自己两三岁的女儿一起在讲故事。与此同时，周围还回荡着一个男人粗犷的咒骂声……

"那么，娜塔莎会做什么呢？你们希望她做什么呢？"

王渺说，她觉得娜塔莎会戴着耳机，一边听音乐，一边看书。她肯定是一个安静的女生，就像她自己一样。

马老师笑了笑，双手撑在桌面上。灯光突然不安地闪动了一下。

"来，我们试着写一写。假设我们正是娜塔莎，在这个特殊的夜晚，她会在自己的日记本上写下什么？"

坐在我旁边的，是我一直未曾注意的冉思睿。

第二次课她没有来，第一次课几乎没有说话。但我能感觉到她并非安静而内向。她已经开始动笔了。我瞥见"泪水从她的眼睛中流了出来"。

但我不希望娜塔莎流泪。为什么呢？不知道。或者最起码，我希望选择一个没有泪水的时刻。比如，已经是后半夜了，大部分人都已入睡，但娜塔莎却一直醒着。

我睡不着。头脑清醒得像一颗炮弹。刚才我走到了地铁黑暗的一角，在妈妈入睡以后。我低声为爸爸祷告，尽管我从来都没有相信过上帝。然后，我尝试背诵一首诗。在学校，那首诗显得无聊，但现在它突然变得重要起来。一声婴儿的啼哭让我忘记了接下来的几句。一个苍老的声音在歌唱……

　　分享的时候，大家的朗读有些凝重。观察和思考占据了大多数人的内容。文字中不断流出泪水。李昊然分享的最后，是对战争的控诉。彭子涵让娜塔莎回想起昨天生日上的一个瞬间：有人预告了战争的可能，但多数人拒绝相信。

　　梁少楠笔下的一段场景尤其令我印象深刻：

　　轰炸之后，地铁中的灯光会剧烈地闪动，人们一边为可能的黑暗恐慌，一边抱紧自己的亲人。而我最关心的事情，是自己的手机快要没电了。妈妈的也是。然后呢？就彻底联系不上爸爸了。

听完分享后，马老师说她也写下了自己的想象。于是屏幕上出现了下面这段文字：

突然一阵轰鸣。头顶上的土地又被炸了一回。地铁站里瞬间沉寂。每个人都抬头，透过厚重的土地，凝视着想象中自己的房子。在我旁边的小女孩突然哭了起来。她的妈妈只好抱起她，喃喃低语，像是在念诵一段古老的经文。有人骂了一句什么。有人在若无其事地来回走动。我拿出从书架上携来的一本书，摩挲着它的封面，把试图涌上来的眼泪压了下去。翻开之前，我望了一眼自己的妈妈。她又闭上了眼睛。我知道她在担心什么。她在想，爸爸怎么样了。我也在担心。我还担心我的朋友。但现在，我决定好好读这本书。它的名字吸引了我，《我还是想你，妈妈》。这是80年前的那场战争。

田芳读完，马老师问我们是否知道80年前的那场战争。

"第二次世界大战？"

"具体来说，是苏联的卫国战争。"洪乐很平静地补充道。

"所以，"马老师问，"根据题目，你觉得这可能是一本什么样的书？"

“可能主人公在战争的时候失去了自己的母亲。”

“我觉得就是一个人的战争故事。这个人在战场上会不断想起家乡的妈妈，害怕自己随时可能死去。”

马老师已经在每个同学面前放了两页的阅读材料*。

“我们也像娜塔莎一样来读一下这本书中的一些片段。请你一边读，一边画下让你心动或者心痛的部分。读完以后我们一起进行分享和讨论。”

这是前所未有的阅读。我彻底被吓到了，是那种有力量的悲痛。我画下了这一段：

---

* 阅读材料在本节课后。

阳光照耀着我的脸，那么温暖……至今我都无法相信，我的父亲在那个早晨去打仗了。当时我还非常小，但是我觉得，我已经预感到了，这是我最后一次看见他。我以后再也见不到他了。当时我还非常……非常小……

然后是这一段：

大火里任何人都活不了。你正走着——地上躺着一具发黑的尸体，这说明，烧死的是一位老人；而你远远地看见个小小的、粉红色的东西，这说明，那死去的是一个孩子……

当我读完的时候，回过头，发现我几乎画下了一半的内容。

温暖的阳光，残忍的战争。其中一个讲述者是十三岁的女孩子，和我一样大，她的城市只剩下焦土与尸体。

但她在最后说：那年，丁香花就这样盛开了……稠李花也这样盛开了。

我们每个人都被触动了，这就是战争啊。

大家朗读着自己的分享，谈论着不可思议和无法遏制的悲伤。

洪乐分享了第二个故事中黑色和粉红色的尸体。然后他说：

"这些内容应该都是回忆，是被采访对象们在卫国战争时期的回忆。那时候，他们都还是孩子。我很难想象死亡会对一个孩子造成什么样的冲击，所以这个部分让我既困惑又震惊。为什么老人们的尸体发黑，但孩子们却被烧得全身粉红呢？对我来说，这似乎更像是想象，而不是事实。但这是一种怎样的想象呢？真的很神奇，记忆很神奇，记忆和痛苦的关系也很神奇。哎，怎么感觉我说了一段废话呢。不过，"他的神情先是降下去，随即又升起来，"最后这句话，丁香花就这样盛开了……稠李花也这样盛开了。很像李昊然刚才的表达。自然的规律和人类的悲哀无关，令人心碎的对比。"

他依依不舍地停住了，大概对自己的发言不太满意。

冉思睿分享了那只巨大的甲虫。在她眼中，黑色的甲虫成为了孩子记忆中死亡的象征。我却不由自主地想到了那只小花猫。经历过灾难后，好几天它都一声不出……前面还提到了街道上被烧成灰烬的椴树和绿植。洪乐说自然和人类的悲哀无关，也许是一个太轻松的结论。那些有机会盛开的丁香花和稠李花，恐怕只是幸运地躲过了炮火而已。

　　但我没有分享，我静静地听着另外两个人的声音。

　　然后，马老师说，我们读的这三个片段是有标题的，下面请大家想一想前两个故事可能有一个怎样的标题。我又重读了一遍。

第一个故事来自一个工人。当时他六岁。我给这个故事取名为"**甲虫**"，因为我不觉得甲虫是死亡的象征。我觉得孩子爱妈妈，他们不希望妈妈和甲虫躺在一起。

第二个故事，我写下"**大地的疼痛**"，因为有这么一段话：当他们经过的时候，就连大地都会疼痛。"他们"指的是法西斯敌人。

其他同学，有的给第一个取名为"**她就像我的妈妈**"，或者"**没有回头**"。第二个，李昊然取名为"**丁香花盛开了**"。悠悠写下"**灰烬**"。好几个人和我一样。

之后，马老师向我们展示了原书中的标题，他们都来自讲述者自己的表达。比如，第一个故事是"他害怕回头看一眼……"，第二个故事："他们全身粉红地躺在木炭上面……"

第三个故事名为"这么漂亮的德国玩具……"。故事里，"我"不明白为什么我们的人要给德国士兵送面包。

马老师让我们在小组内讨论这样一个问题：为什么当我问妈妈这个问题的时候，她什么都没说，只是哭，以及当一个德国士兵死去的时候，她也会哭。

白江宏说："大概她妈妈想到了苏联的士兵，或者在战场的亲人。他们的遭遇是一样的。"

悠悠声音比平时低哑："是呀，都是人，死了谁不会痛苦呢。这就是战争残忍的地方。双方都会死去。"

"不仅仅如此，更残酷的在于，无论是士兵还是平民，都只是牺牲者。战争是那些高高在上的人发起的，但成千上万的人却因此而死去。"果然，是自信而大方的冉思睿。

马老师越过所有人，透过窗户望着下面的楼梯，沉默了一会儿。

"战争是什么呢？这个世界好像从未停止过战争，这让很多人被迫思考这个问题。我相信你们也看到了不少相关的作品，文字，抑或图片。每个人都在表达，很多人陷入争吵。这是一节文学课。我们需要回到文学作品上。在第一个故事中，六岁的男孩回答说，战争就是失去父亲。这是对战争的一个认识。那么，战争还可能是什么呢？

"请结合刚才的阅读内容，以娜塔莎的视角，回顾她的故事和发生在她周围的事情，尝试给出一个答案。我们还是写在便签纸上吧。"

王渺一直没有动笔。她托着下巴，眼睛闭了起来。如同战场上冲锋前的时刻，灰色的静默在空气中俯视着所有人。洪乐站了起来，走过去，把红色的便笺按在了白板上。两分钟后，马老师说，我们停下来吧。王渺依然没有动笔。她睁开眼睛，看着马老师读出了那些回答：

战争是大地的疼痛

战争是停止

战争是黑色与尘烟

战争是残忍的玩笑

战争是一只黑色甲虫

战争是遗落的红色贝雷帽

战争是一个人被世界抛弃

……

屏幕上再次出现娜塔莎。一行文字缓慢地流出来。

外面的天空应该已经亮了。娜塔莎睁开眼睛的时候，正好是六点半。她感到困倦，但重新入睡是不可能的。灯光白亮依旧，上方管道横行，娜塔莎想起昨天。昨天是被闹钟叫醒的，她照旧躺了十分钟，才能够起床。然后，七点半出门，二十分钟后进入学校。但今天……她不知道会怎么过去。妈妈还在睡觉，已经有人走向地面。她有些难以置信，怎么突然间一切都改变了。打开手机，她迫切想要看到世界的反应，看到战争如何一步步地向她走来，之前她完全没有关心过……

"所以，你们有人关注过这场战争吗？它为什么出现，以及出现后，这几个月发生了什么。"

哄乱的声音冲撞在一起。每个人都在分享自己的观点。洪乐和李昊然吵了起来。冉思睿说大

家现在都不怎么关心了，反正一个城市被这边占领，明天又会被另一方反攻。田芳突然问道，不是有联合国吗？洪乐和李昊然不再争吵，开始向她普及北约、五常……

等声音降下来，马老师才沉静地说道：

"在战争刚刚出现的时候，我相信很多人都会关注事态进展并且感到难受和沮丧。但持续一段时间后，很多人也就不关心了。我们回归自己的生活，新闻媒体也开始减少报道。这几乎是不可避免的。但现在，我们正在讲述娜塔莎的故事。几个月过去了，娜塔莎怎么样了呢？她和战争的关系现在如何？是不是也和我们一样，已经开始了正常的生活？想要讲述这段故事，我们就必须了解战争当下的情况。来吧，大家把手机或者电脑拿出来，上网搜索一下最近关于战争的报道，然后写下娜塔莎的近况吧。"

我不由自主地想道，如今在网上看见战争的新闻时，我已经不会再点开了。拿出手机，我甚至恍惚了一会儿，该怎么搜索最新的报道呢？但输入"乌克兰战争"后，大量的最新动态就出来了，反攻、袭击、领导人的发言……看到一幅地图后，我想，娜塔莎近况如何，首先取决于她在哪儿。但很快，我就发现了新闻报道的局限，它们如此简短，那么少的文字，只是在说明军队的位置和行动。一个乌克兰少女的遭遇，很难在文字间浮现出来。

娜塔莎抬头看天空，还是那么干净的蓝色，仿佛一切都没有发生过。但街道和建筑物上，却又明明白白地刻着那些痕迹。爸爸刚从医院里出来，才两天时间，昨天又回部队了。班里有不少同学陆陆续续走了，去了东边，或者国外……

我不知道该如何继续，于是打开手机，又一次翻找。终于看到了一篇描写日常生活的报道。没有电，水资源短缺，马上到来的冬天，让很多人担心无法抵御寒冷，不少城市一片废墟，征兵在继续，有人死去，活下来的人在控诉……

马老师说还有三分钟就要下课了。她问有没

有同学愿意分享一下。

洪乐让娜塔莎去了另一个国家，开始了新的生活。在悠悠的描述里，娜塔莎住在乡下，但他父亲在战争中去世了。其他同学大概和我一样，还沉浸在越来越沉重的新闻里。

大家下课后可以继续写下去，马老师说。

那么，这算是我们的作业了吧，我想。不过，也许这个任务并不是在训练写作，而是为了唤起我们的关注。虽然几天以后，战争又会被日常遮蔽，但我相信更多的了解会帮助我们进一步思考战争。但思考之后呢……

马老师在谈论下节课的内容。除了这个作业，我们还需要阅读一本小说。马老师一边说，一边在屏幕上展示这本书的封面。

哦，是余华的《活着》。

一个多小时就这样过去了。窗外是昏沉的夜。空气还是有些发冷。

走出书店，我忍不住抬头，望向天空深处，仿佛看见一颗铅灰色的炮弹正从天而降。战争，是失去父亲，也是沙地上巨大的黑色甲虫，是大地的疼痛。这一切，距离我们并不遥远。

附[*]：

"他害怕回头看一眼……"（节选）

（热尼娅·别利克维奇，六岁。现在是一名工人。）

小妹妹和弟弟瓦夏都醒了，妹妹看见我在哭，她也喊叫起来："爸爸！"我们都急忙冲出去，跑到台阶上，喊叫："爸爸！"父亲看到了我们，我至今都清楚地记得，他双手抱住了头，转身走了，几乎是小跑着走了。他害怕回头看一眼……

阳光照耀着我的脸，那么温暖……至今我都无法相信，我的父亲在那个早晨去打仗了。当时我还非常小，但是我觉得，我已经预感到了，

* 节选自白俄罗斯作家、记者 S. A. 阿列克谢耶维奇（1948—）作品《我还是想你，妈妈》，晴朗李寒译，九州出版社。

这是我最后一次看见他。我以后再也见不到他了。当时我还非常……非常小……

在我的记忆里，它们就这样联系在了一起：战争——就是失去爸爸……

后来我记得：黑暗的天空和黑色的飞机。我们的妈妈伸着手臂，躺在公路的附近。我们哀求她起来，可是她不起来。她起不来了。战士们把妈妈裹进了遮雨的帐篷，埋到了沙土里，埋在了她倒下的那个地方。我们喊叫着，哀求着："不要把我们的妈妈埋进坑里。她会醒来的，我们还要赶路。"有几只不知名的大甲虫在沙土上爬来爬去……我无法想象，妈妈怎么能和它们在泥土里一起生活呢。将来我们怎么找到她，我们怎么才能再见面？谁会给我们的爸爸写信？

有一位战士问我："小姑娘，你叫什么名字？"而我忘记了自己叫什么名字。"小姑娘，你姓什么？你的妈妈叫什么名字？"我也想不起来了……直到深夜，我们都坐在妈妈的小土丘边，直到后来有人抱开了我们，让我们坐到了一辆四轮大马车上。满满一车都是孩子。运送我们的，是一位不知干什么的老头，他沿路收留了这些孩子。我们来到了一个陌生的村子，一些陌生人分头领养了我们，住到了各家各户。

很长时间我都不会说话，只是呆呆地看着。

后来我记得，夏天到了。阳光明媚的夏天。一位陌生女人抚摸着我的头。我哭了起来。我开始说话……说到爸爸和妈妈。爸爸如何离开我们，如何跑走，他甚至都没有回头看我们一眼……还有躺在地上的妈妈……沙土上爬动的那些大甲虫。

女人抚摸着我的头。那一刻，我仿佛觉得：她就像我的妈妈一样。

"他们全身粉红地躺在木炭上面……"（节选）

（卡佳·科罗塔耶娃，十三岁。现在是一名水利工程师。）

后来，有人第一次传过话来，说前面的道路被德国人的摩托化部队给截断了。我们赶紧往回跑，跑过那些村庄，跑过那些抱着牛奶罐子的大妈。我们跑回到自己城市的街道上……几天前，这里还是绿荫茂密，鲜花盛开，可如今一切都化为了灰烬，甚至那些古老的椴树也一棵没有留下。一切都焚烧成了黄色的沙尘。生长万物的黑色土壤不知到哪里去了，只剩下黄黄的尘土，一片沙土。就仿佛你站在了刚刚挖掘好的坟堆旁。

工厂的锅炉幸存了下来，它们本来是白色的，在剧烈的大火中它们被烧得通红。再也没有什么熟悉的东西了……整条街道都被烧毁了。烧死了许多老爷爷和老奶奶，还有许多小孩子，因为他们没有和大家一起逃跑，他们以为——敌人不会碰他们的。大火里任何人都活不了。你正走着——地上躺着一具发黑的尸体，这说明，烧死的是一位老人；而你远远地看见个小小的、粉红色的东西，这说明，那死去的是一个孩子。他们全身粉红地躺在木炭上面……

妈妈摘下自己的头巾，蒙住了我的眼睛……我们就这样走到了自己家的房子前，到了那个几天前还坐落着我们家房子的地方。房子没了。奇迹般跑出来迎接我们的，是我们家那只瘦骨嶙峋的小花猫。它依偎到我的身边，便一动不动了。我们谁也不能说话……甚至小花猫也不叫唤，有好几天它都一声不出。我们大家都一言不发。

我看到了第一批法西斯敌人，甚至不是看见了，而是听见了——他们所有人都穿着钉有铁掌的皮靴，发出喀喀的巨响，咚咚地踏过我们的小桥。我甚至觉得，当他们经过的时候，就连大地都会疼痛。

那年，丁香花就这样盛开了……稠李花也这样盛开了。

"这么漂亮的德国玩具……"（节选）

（泰萨·纳斯维特尼科娃，七岁。现在是一名教师）

1944 年末，我看见了第一批德国战俘，他们排着很宽的队伍走过街头。让我感到震惊的是，人们走近他们，送给他们面包吃。这件事让我非常震惊，我跑到上班的妈妈那里，问她："为什么我们的人给德国人面包？"妈妈什么也没说，只是哭了。当时，我还看见了第一个穿着德国军装的士兵死尸，他在队伍里走着，走着，就倒下了。队伍停下了片刻，继续向前移动，我们的战士在他身边停了下来。我跑到跟前，我很好奇，想凑近看看死去的人，想到旁边看看。当广播里播放敌人的死伤人数时，我们总是很高兴……可现在……我看见了……那个人就好像睡着了似的……他甚至不是躺着，而是坐着，半坐着，头歪在肩膀上。我不知道，是该憎恨他呢，还是该可怜他呢？这是敌人！我们的敌人！我不记得：他年轻还是年老呢？是很疲惫的样子。

因此，我很难仇恨他。我也把这些告诉了妈妈。她听了后，又哭了。

5月9日清晨，我们被吵醒了，因为楼道里有人大声地喊叫。天还早着呢。妈妈出去打听，到底发生了什么事，然后惊慌失措地跑回来："胜利啦！难道真的胜利了？"这让人有些不太习惯：战争结束了，这么久的战争。有人哭泣，有人大笑，有人叫喊……哭泣的都是那些失去亲人的人，高兴的事，不管怎么说，终于胜利了！谁家有一把燕麦，谁家有一个土豆，谁家有一根甜菜，都拿了出来，送到一家。我永远也不会忘记这一天，这个早晨……甚至对联欢晚会都不会这样……

第 *4* 节课
时代与个人

星期二，有庆死了。

当时是大课间，教室里并不吵闹，有人在睡觉，更多人在做试卷，但我握着这本书，眼泪流了出来。哭泣并不激烈，但还是被穆川看到了。她问我怎么了，我赶紧擦干眼泪，把书举了起来。她看了一眼，笑着说，活着，真是一个好题目，太恰当了。

---
* 作家余华（1960—）的小说，北京十月文艺出版社。

她面前放着《五年中考，三年模拟》。我注意到她和一道数学题已经搏斗了十多分钟。临近上课时，她恼怒地把书塞进抽屉，趴在了桌子上。

　　铃声响了。老师走进来的瞬间，她挺起身子斜过来，让我看完后把书借给她。

　　晚上，凤霞、家珍、二喜和苦根都走了。

　　我想起福贵的爹死去的时候，有人说他"像是熟了"。人熟了，像果子一样，掉落在土地上，就没了。尘归尘，土归土。但是有庆、苦根都只是个孩子，凤霞和二喜还没有年老，是什么把它们打落在地上的？风雨一来，脱离枝叶，就开始腐烂。如此平常，却如此压迫。

　　第二天，我把书拿给穆川，提醒她准备好纸巾。

她说，不用，我的心早已被考试磨成了石头。

可是到了晚上，她还是发微信告诉我，妈的，果然哭了。此时，我刚从辅导班离开，已经从死亡的重压下挣脱。夜晚的空气充满了淡淡的海风。天气变得清凉。走在路上，会觉得快乐。

但两天后的一个黄昏，《活着》又回来了。

我走在放学的路上，看到了福贵。

那是一位捡垃圾的老人，躺在马路边一个狭窄的、没有靠背的椅子上。他的头发已经半白，身体佝偻，衣服皱缩，布满污迹和漏洞。木椅下面是一个编织袋，里面装满了塑料瓶、纸张和其他杂物。

我看着他，突然生出了很多问题：

他是谁？

他有着怎样的过去？

他的家人在哪里？

为什么他会流浪在这座城市？

……

我甚至开始虚构故事了。但突然，他睁开了眼睛，仿佛被我的目光刺痛。他坐起身，依旧佝偻着，目光中一片阴郁。他说着我听不懂的方言，语音中是突然的断裂和爆发。我脸一红，仓皇地逃走了。

这节课的开始，马老师让我们分享阅读时印象最深刻的情节。

果然是各种死亡。首先是有庆，然后是凤霞。李悠悠讲述的是老全。她说，老全本来是在战争中最警醒的，最不应该死的。但他死于自己的柔软。枪声中，在死人堆里寻找朋友，很动人，但也很愚蠢。不过，这也是战争残酷的地方，容不得感情。

我和大家分享了前一天的那个时刻，谈论着那个拾荒的老人。我说，也许这就是阅读的意义，让我们发现了生活中的个体，无论他是伟大还是渺小。

但洪乐随即说道："的确，生活中到处都是福贵。每个人背后都有故事。很多底层的人也都在承受着生活的重压。但我们真的发现他们了吗？还是仅仅是一种想象？在想象中，我们的同情心获得了满足，我们也因此相信自己不是一个冷漠的人。但除了想象，我们又做了什么呢？很抱歉我说的这么刺耳，但我就是这么想的。没有行动，这种发现就没有意义。"

他刚说完，王渺就站起来了，虽然不需要。

"连同情心都批判，也太苛刻了吧？我非常理解沈青的感受。我们身边有很多不公平。大部分人已经习惯了，连看都不会看一眼，好像他们不存在一样。所以第一步，是看见他们。看不见，是不可能有行动的。"

白江宏举手，他说："我明白洪乐的意思。他也不是说不需要看见，而是说止步于看见，没有进一步的行动是没有意义的。但我却认为仅仅看见就是有意义的。为什么一定要求所有看见最终都导向行动呢？如果担子这么重，会不会让很多人望而却步，甚至连关注都不愿意了呢？而且，我相信沈青在分享时，也没有考虑我们争论的这些问题。她只是说，阅读会帮助我们理解生活，发现生活。一个人读了一本书，以一种新的目光观看周围的世界，从而让世界以新的面貌呈现，这不是很好吗？而且，我相信只有热爱思考的人，才会有这样的意识。"

白江宏看了我一眼。我点了点头。

但我想起了自己落荒而逃的时刻。洪乐的话虽然刺耳，却并非刻薄。应该做点什么，也可以做点什么。

马老师露出大大的一个微笑。"课程一开始，就这么激烈，还能和生活联系起来，感觉今天会很精彩呀。"

李昊然突然喊了一声："精彩是他们的，我什么也没有。"大家一阵哄笑。

"不，你起码有一个大嗓门。"马老师说。

"关于这个问题，推荐大家阅读鲁迅的一篇文章——《论睁了眼看》，也许能够为刚才的讨论增加新的视角。现在，让我们回到这本书。大家对小说中不同人物的死亡印象最深刻，这在预料之中。我们不妨就从死亡开始讨论吧。小说死了几个人？"她停顿一下，见没有人回答，继续说道，"他们分别是怎么死的？以及，他们的死亡有没有更深层次的原因？"

三个问题结束后，屏幕上出现了一个表格：

福贵身边的人	怎么死的	深层原因
福贵的爹	粪缸旁死掉	
福贵的娘		

"我们给出了一个例子，比如福贵的爹。我们都知道他是在粪坑旁上大号时死的，但显然那个时刻只是一个结果，深层原因是什么呢？"

"福贵赌博，把家产败光了。他很伤心。"

"很好。这就是可能的深层原因。所以接下来请大家分成三个小组，每个小组完成这张表格。完成后讨论这样一个问题：**我们可以从这些死亡中得出哪些判断和思考？**"

我和梁少楠，还有田芳，分到了一组。

首先是在小说中死去的人，按照顺序，分别是：福贵的爹、老全、福贵的娘……梁少楠说，书里面的顺序确实是老全先去世，但如果按照时间顺序，先死的可能是福贵的娘，书里面提到了，福贵离家两个多月，他娘就死了。我们采纳了梁少楠的意见，所以顺序就变成了：福贵的娘、老全、龙二、有庆、春生、凤霞、家珍、二喜、苦根。

怎么死的这个问题很清楚，但在讨论深层原因时，大家有了不同的意见。老全死于战争，有什么深层原因吗？难道如李悠悠所言，他死亡的深层原因是情感的柔软？在不该有情感的时候陷入情感？

大家讨论了两分钟，没办法统一。于是举手叫了马老师。

马老师说，如果觉得没有深层原因，可以不用写。

大家便把有争议的人物空着。

那么，可以从这些死亡当中得出哪些结论呢？

两分钟后，大家开始了分享。

死亡的名单和顺序没有争议，直接原因也都大同小异。但深层原因开始出现分歧。

比如凤霞的死亡，我们小组认为没有什么深层原因，仅仅是个意外。

洪乐小组认为和时代有关，那是一个极度落后的时代，无论是医疗资源和物质生活都极度匮乏。

彭子涵却找到了一个很有意思的视角。她认为同样是大出血，县长春生的妻子得救了，因为有很多人排队献血，似乎医生们也更加卖力。凤霞的死却那么简单和仓促，书里面寥寥几笔，仿佛

无力回天。是不是可以认为，凤霞的死是因为她是一个社会地位很低的普通人，没有权力，所以没有额外的资源？

从这些死亡中可以得出什么结论呢？

李悠悠首先发言，她说可以把这些人物分成两类，一类是福贵的朋友，一类是福贵的家人。福贵朋友的死都与时代动乱有关，比如老全死于战争，龙二死于土地改革，春生死于"文化大革命"。而福贵的家人基本上死于贫穷，福贵的妈妈和家珍是有病得不到治疗，凤霞和有庆是底层社会的人才会有的遭遇。二喜死于劳动，苦根死于饥饿。但其实也可以合并在一起吧，因为贫穷正是当时大时代的一部分。所以，简而言之，他们的死是时代造成的。

　　我代表我们小组发言："我们小组也谈到了时代造成的死亡。我们想在此基础上做一点补充。小说中这么多死亡还有一个比较明显的特点，就是大多数死亡都有些意外。有庆、凤霞、二喜和苦根的死亡简直称得上飞来横祸。没有预兆，没有痕迹，突然告诉你，人死了。老全也是，虽然战场上死亡很寻常，但发生仍然是在一瞬间。"

　　"你觉得这样的死亡会给福贵带来什么感受？"马老师突然问道。

　　我思考着。梁少楠举手，回答道："会更加让人觉得人生无常吧。也会让人很无力。无力反抗，只能接受。"

"是的，命运感。"我补充道，"时代压力下，几乎没有选择。"

"在刚才的讨论中，大家不断提到时代，混乱的时代，充满压力的时代。的确，这本书和时代的关系太密切了。近百年的历史，发生了太多事情，每一件，都落在福贵和他身边人的头上。我们不妨先来回顾一下历史课本上的内容吧。哪一个时期，什么事件，我们简单梳理一下。这对大家来说应该是小菜一碟。比如福贵的故事开始的时候，大概是什么时期？"

"抗日战争。抗战胜利后福贵才输掉了所有家产。"

"非常好，我们继续。"

于是，我们回顾着那些名称，都是历史考试的重点词汇：抗日战争、解放战争、土地改革、"大跃进"、三年困难时期、"文化大革命"、改革开放。

　　白江宏说，改革开放之前应该加上包产到户，因为这个变化对福贵影响格外大。

　　"大家一定在历史课本上看到了每一个历史时期背后的疯狂。刚才李悠悠也说过，老全在解放战争中死去，土地改革时枪毙了龙二，春生则在"文化大革命"中自杀。谈论这些和一次又一次的死亡，真的让人很绝望。难怪《活着》这本书在豆瓣短评中最常见的词语是悲剧和惨。所以，这是一本卖惨的小说吗？是一部悲剧吗？仅仅在写大时代给普通人带来的伤害吗？"

"死了那么多人，肯定是悲剧呀。"田芳回应道。

"那我们调查一下：有哪些同学认为这是一部悲剧作品？"

四个人举手了。马老师故作惊讶地扫视着大家。大家也满脸惊讶地左右观望着。

"所以，更多人认为这不是一部悲剧？谁来分享一下理由？"

洪乐立马站了起来，这是他准备侃侃而谈时的状态。我突然想到，相比于他自己笔下的甲虫，此时的他更像一头公牛。

"有人死了就一定是悲剧吗？当然不会这么简单。但我相信，更多人认为这是一部悲剧，是因为他读完这本书以后觉得很悲伤。一本书让我悲伤了，或者说，让大部分人悲伤了，它当然就是一部悲剧了吧？这样想似乎有一定的道理，但还是不够充分。因为读者之间的差别太大了。比如，我就不觉得悲伤。"

他故意停顿一下，似乎在等待大家的反应。笑声响起，他才继续说下去："所以我们不妨看一下作者余华是怎么说的。在序言中，他说'我决定写下一篇这样的小说，就是这篇《活着》，写人对苦难的承受能力，对世界乐观的态度。'他还说，这篇小说灵感来自《老黑奴》这首美国民谣。那首民谣的内容，我搜了一下，确实和《活着》有点类似。歌词里那种平静释然的态度清楚明了。所以，余华的确写了苦难，很大的苦难。但他更重要的目的是写了福贵的承受，以及对世界的乐观。很明显，在余华眼中，他写的不是一部悲剧。"

"谢谢洪乐自己的观点。他还引出了这样一个问题，在评价一部作品时，究竟是读者的声音更重要，还是作者的声音更重要？这当然又是一个没有答案的问题，却是一个很有意义的问题。但我想继续追问一下，并且把问题抛给大家。洪乐刚才引出了余华写作的意图，人对于世界乐观的态度。那么，他在作品中表现出这种乐观了吗？洪乐，这种乐观我们应该在谁的身上找到？"

"当然是福贵了。"

"好的，那我们接下来就分小组找一找福贵身上的'乐观态度'吧。子涵，你觉得我们可以从哪些地方入手？"

彭子涵被马老师突然的询问吓到了。她身体后缩，捂着嘴巴。马老师继续微笑地看着她。

"福贵的表达，或者他的状态？"

"非常好，不仅仅是福贵说了什么。所以大家可以打开思路。顺便，我把洪乐刚才提到的《老黑奴》——启发余华写作《活着》的这首民谣，中英文版*，也发给大家。再重复一遍，从小说哪些地方可以感受到作品所表达的'乐观态度'。"

歌词非常简单。一位将死的老黑奴，像福贵一样，身边的亲人都已经离开。但他没有恐惧，没有不安，而是充满着平静与期待。他马上就可以

---

*本节课后附《老黑奴》民谣曲谱。

和逝去的亲人见面了，他听到呼唤：old black Joe, old black Joe。

这的确是福贵。但我觉得，福贵比老黑奴更有生机。

大家开始从书中寻找证据。纸张哗动的声响像老水牛翻动水田的波浪。那头水牛也不应该被忘记吧，它是另一个福贵。

我和白江宏一组。我看到他一边翻书，一边在文字中做标记。他的头发乱蓬蓬的。低头的时候，黑框眼镜会沿着鼻梁向下滑动，随后被他轻轻地推上去。他有一根白头发。

有几个人举手。但马老师叫了冉思睿。冉思睿拉过李悠悠的书。

"我们觉得最明显的证据是福贵现在的状态。小说前面几页，福贵一出场就让人忍不住想笑。不管中间追忆的时刻多么痛苦和凄凉，只要回到当下，他就变得很轻松，很幽默。这样的地方很多，不需一一列举，大家都能感受到。所以我们觉得生命的乐观是回首时候的乐观，乐观地看待死亡，所以也能够平静地走下去。就像歌词中的老黑奴，即使快死了，也不会觉得恐惧。这就是生命的力量。"

　　"我想再补充两个具体的例子，"李悠悠接过来，说道，"首先是第182页，家珍去世的时候。福贵说：

　　家珍死得很好，死得平平安安、干干净净，

死后一点是非都没留下，不像村里有些女人，死了还有人说闲话。

"然后是第197页，苦根死了以后，他说，

我是有时候想想伤心，有时候想想又很踏实，家里人全是我送的葬，全是我亲手埋的，到了有一天我腿一伸，也不用担心谁了。

"还有这一段的结尾，

像我这样，说起来是越混越没出息，可寿命长，我认识的人一个挨着一个死去，我还活着。

"这几个例子都表达了福贵对死亡的看法。在经历过这一切之后，他接受了命运，接受了不幸。人总是要死的，但死亡中也有安慰。也许正因为这种接受和安慰，所以他与悲痛便有了一定的距离。"

"哦，还有一点。"马老师正准备说话的时候，李悠悠喊叫起来，"那就是小说中第一个'我'，也就是那个收集民谣的人眼中的福贵。在第 41 页这个地方，他谈到了福贵和其他老人的区别。福贵不仅令他难忘，还对自己的经历如此清楚，并且能如此精彩地讲述自己。在民歌采集人出现的其他几个片段里，他也不断描述着老年福贵的与众不同，他的活力和幽默。所以透过这个讲述人的目光，我们也能看到老年福贵的状态，是乐观而积极的。"

"好的，谢谢这个小组找到的这么多证据。其他小组还有补充吗？"

白江宏犹豫了一下，但还是举起手，说道："一定是福贵吗？我们发现家珍的身上也有这种时刻。在181页，家珍死之前说了这么一段话：

凤霞、有庆死在我前头，我心也定了，用不着再为他们操心，怎么说我也是做娘的女人，两个孩子活着时都孝顺我，做人能做成这样我该知足了。

"就是这个词语，知足，看到生命中幸福的时刻，不计较苦难和死亡。我想，福贵之所以能够对过去这么清晰，能讲得这么精彩，也因为他感到知足，并且在不断回忆过去的陪伴和幸福。"

他的声音落定，教室里突然沉静了片刻。大家在等着马老师说话，突然洪乐开口了：

"马老师，这么被伤害，难道不应该感到愤怒吗？这本书似乎在宣传'好死不如赖活着'这样一种观念。我不太能认同。对那些弱者来说，这样的故事就像是鸦片一样。你被碾压，受到伤害，为了活着，就不反抗，反而依靠那些美好的幸福瞬间获得满足感。这也太虚假了吧？"

立马有几个人想要反驳，声音同时撞在一起。马老师只是静静地看着。

于是王渺提高声音说道："在那样一个时代背景下,你怎么能够要求大家去反抗呢? 再说了,怎么看待死亡,如何度过自己的一生,这是一个人最基本的权利。怎么能要求每个人都像你一样呢?"

　　洪乐咧着嘴笑了起来:"那我们就谈一谈对读者的影响。这本书写作的时候,那个时代已经结束了。而读者们,像你和我也都没有生活在那个时代。但我们在阅读的时候,难以避免地会被这个价值观影响呀。当压迫出现的时候,是应该把生命看得更重要呢,还是把某种价值观看得更重要? 大家大概听说过匈牙利诗人裴多菲的一首诗:爱情诚可贵,生命价更高;若为自由故,两者皆可抛。"

有人刚刚发出的声音被马老师拦住了。

"我很喜欢洪乐这一点，能够在不同的位置上跳跃。可贵的自由思考。这是一个很大的问题，如何看待死亡？生命和某些价值观该如何平衡？是鼓励人们去冒险，还是鼓励首先活下去？这些问题很重要。大家如果感兴趣的话，可以在我们的微信群里分享自己的看法。

"现在，对不起，我必须要把大家拉回来。刚才李悠悠提到了一个我们不应该回避的问题。小说中有两个'我'，分别是福贵和民歌采集人。我们接下来就在小组内讨论一下这个结构吧，关于这种设计，以及其中的细节。自己发现问题，然后尝试给出回答。没有限制，并不是说你一定要提出很多问题，每一个都给出答案和理解。也可以没有问题，而是关于这个结构的某个发现。自由地聊一聊吧。我们回到刚才的小组。"

没有问题的讨论。马老师是不是太高看我们了？

第一个显而易见的问题是，为什么要设计这个民歌采集人的角色？难道不可以直接让福贵讲述自己的故事吗？

白江宏说他看了张艺谋改编的电影，余华是编剧之一。在电影中，民歌采集人的角色消失了。那么，这个采集人的角色重要吗？还是因为电影和小说讲故事的方式不一样？这些问题似乎超出了我们的能力。但我还是忍不住想要去思考一下。

最起码，我想看这部电影了。

王渺说，还有一个点很重要，也很明显。民歌采集人叙述的部分和福贵叙述的部分很不一样。语言不一样，节奏也不一样。为什么要这样区别呢？

白江宏把脑袋埋在书页中间，仿佛在吸取文字和纸张的味道。他突然抬起头，说："两个人的身份不一样，一个是文化工作者，一个是老农民，他们的谈吐和表达当然就不一样了。"

王渺脸上露出笑容，拍了白江宏的肩膀，说道："好样的，哥们儿，所以第一个问题呢？为什么非要加上这个什么采集人的角色？"

首先分享的是彭子涵，她谈论的刚好是这个

问题。

"为什么要设计这个民歌采集人的角色呢？我想刚才大家的讨论已经给出了一个可能的原因。民歌采集人作为观看者，会给我们读者分享他看到的福贵，一个幽默乐观的老年人的形象。如果我们只看他自己的讲述，很可能会陷入灾难的巨大阴影中。其次，有了这个采集人，小说就可以随时中断福贵的讲述。我们小组快速地查了一下，故事中间有四个地方插入了民歌采集人的视角。有两处作用很明显，一个是有庆死的时候，一个是凤霞和家珍死的时候。所以，我们小组讨论后认为，这样的结构安排可以降低死亡造成的冲击力。比如，有庆死的时候读者一定是很难受的。如果福贵讲完有庆，直接来到后面的故事，就会让人觉得情感有点落差。而中间接上民歌采集人的感受，他眼中的福贵，以及当时周围的环境，就让情感节奏更舒服了。还有一个效果，这是田芳提出来的。"

她特意侧过身子，笑着望了一眼田芳，才继续说道："福贵的故事是讲给民歌采集人听的，我们在阅读的时候也能感受到这种讲故事的姿态。甚至，有这么一个地方，当福贵把家产输光之后，需要找龙二租几亩地。他说，'我一直没去龙二家是怕自己心里发酸，我两脚一落地就住在那幢屋子里了，如今那屋子是龙二的家，你想想我心里是什么滋味。''你想想'这样的表达，就有一种对话感。好像福贵是直接说给我们听的。"

"你的意思是，"马老师说，"有了这个民歌采集人的角色，我们便会很自然地代入他的身份，成为福贵故事的聆听者，从而和故事的关联，以及与福贵都更加紧密了，对吧？"

　　彭子涵坐下以后，刚才发言时候的锋芒立刻融化了。她缓慢地点头，笑容中杂着歉意，好像马老师是在纠正她的错误。反而是田芳，身体剧烈地摆动着，嘴里不住地喃喃说道："对！对！"。

　　彭子涵好像一只刺猬。

然后，白江宏代表我们小组分享了两个不同视角的语言风格。民歌采集人的部分，语言相对文雅，描写类的片段比较多，所以节奏显得有些慢。而福贵的讲述恰好相反，语言非常简朴，主要用来讲故事，所以节奏会比较快。

　　"为什么要这样设计呢？"王渺仰着脸，故作疑惑地问道。我忍不住笑出了声，好一个托儿。

　　"问得好。"白江宏对着她点点头，"不同的语言风格来自于不同的人物身份。民歌采集人是个有知识有文化的年轻人，他的文字自然就会文雅一些。而福贵是一个农民，之前做地主的时候虽然上过学，但基本上啥也没学到。所以他说的差不多是大白话。"

"那我也就有一个问题了。"马老师继续问道，"这么简单的语言，这么口语的表达，在讲述故事的时候会不会不太容易表现情感？或者说，调动读者的情感？"

"当然不会，太调动情感了！"李昊然又是一声喊叫，"我看的时候哭得稀里哗啦的。"

"那是不是来自死亡造成的冲击？而小说中一些人物微妙的内部情感变化，是不是只有更精致的语言才能够表达出来？"

大家沉默了一会儿。当然，立刻响起了书页翻动的声音。但屏幕上已经出现了两个片段。

"刚才这个问题是专业的读者们，也就是那些教授、批评家们都会讨论的一个问题。而他们常常会举出这两个片段作为例子来证明这一点，也就是简单朴素的语言所具有的冲击力。我想首先请思睿和少楠分别朗读一下这两个片段，然后我们一起聊一聊这些文字的表达效果。"

1 ）

那一路走得真是叫我心里难受，我不让自己去看凤霞，一直往前走，走着走着天黑了，风飕飕地吹在我脸上，又灌到脖子里去。凤霞双手捏住我的袖管，一点声音也没有。天黑后，路上的石子绊着凤霞，走上一段凤霞的身体就摇一下，我蹲下去把她两只脚揉一揉，凤霞两只小手搁在我脖子上，她的手很冷，一动不动。后面的路是我背着凤霞走去，到了城里，看看离那户人家近了，我就在路灯下把凤霞放下来，把她看了又看，凤霞是个好孩子，到了那时候也没哭，只是睁大眼睛看我，我伸手去摸她的脸，她也伸过手来摸我的脸。她的手在我脸上一摸，我再也不愿意送她回到那户人家去了。背起凤霞就往回走，凤霞的小胳膊勾住我的脖子，走了一段她突然紧紧抱住了我，她知道我是带她回家了。

2）

我知道骗不下去，就背着家珍往村西走，家珍低声告诉我：

"我夜夜听着你从村西走过来，我就知道有庆死了。"

走到了有庆坟前，家珍要我把她放下去，她扑在了有庆坟上，眼泪哗哗地流，两只手在坟上像是要摸有庆，可她一点力气都没有，只有几根指头稍稍动着。我看着家珍这副样子，心里难受得要被堵住了，我真不该把有庆偷偷埋掉，让家珍最后一眼都没见着。

家珍一直扑到天黑，我怕夜露伤着她，硬

把她背到身后，家珍让我再背她到村口去看看，到了村口，我的衣领都湿透了，家珍哭着说：

"有庆不会在这条路上跑来了。"

我看着那条弯曲着通向城里的小路，听不到我儿子赤脚跑来的声音，月光照在路上，像是撒满了盐。

读完以后，大家在小组内交流。过了三分钟，我们开始相互分享。

　　首先是我们小组的王渺，谈的是第二个片段。在此之前，家珍一直沉默，福贵用谎言拖延。突然，我们和福贵一样，意识到家珍知道了真相。为什么呢？小说让家珍自己告诉我们，我夜夜听着你从村西走过来，我就知道有庆死了。小说前面的高潮当然是福贵在医院里看到有庆小小的尸体。但接下来，更缓慢的沉重落在了家珍身上。我们都很好奇福贵能隐瞒多久，家珍如何知道真相，知道后又会作何反应。但这一句话，夜夜听着你从村西走过来，在表明家珍知道真相的同时也揭开了家珍内心深处的痛苦。前面她越来越沉默，原来是在这些微小的发现中折磨自己。村西是坟地，是死亡。内心的煎熬就在这一句轻描淡写的回答中。而且不仅仅是当下的煎熬，也是过去那么多天每时每刻的煎熬。

"好了，"王渺让声音停顿一下，"下面请沈青同学为我们分析这段话中的另外一个细节。"

于是我接过来说道："我们来看这段话的最后一句：月光照在路上，像是洒满了盐。这句话在整个片段的结尾，也是有庆死亡这个大情节的结尾，因为接下来会出现民歌采集人的叙述。所以如何让情感的悲痛顺利地滑到某个地方呢？大家很容易想到的一个方式就是环境描写。但这是一个农民呀，他眼中的环境该怎么呈现呢？这个比喻句就是一个很好的例子。有人会说，农民应该不怎么使用修辞吧。也许不会刻意使用，但口头表达中出现比喻是很有可能的。重点是比喻成什么。如果这里福贵把月光比喻成光滑的锦缎，当然会让人出戏。但比作盐就太好了。农民的生活中，盐很重要，也很常见，和月光当然也很相似。但是，我们还讨论出另外一种意味。生活中我们经常会把盐和伤口联系在一起。在伤口上撒盐，代表着进一步的伤害。所以，远方的那条小路，再也不会出现有庆的身影了，不正像是在伤口上撒盐吗？"

马老师露出赞许的微笑。那么，第一个片段呢？有没有小组愿意分享一下你们的讨论。

站起来的是洪乐。他先是高谈阔论了一番，

说什么我们应该鼓励更简单质朴的文学语言，华丽的修辞会遮蔽情感。大概三分钟后，他才回到这个片段。

他说，情感就藏在这个动作里，我伸手去摸她的脸，她也伸过手来摸我的脸。无需太多解释，只需要去感受，去想象那个情景就可以了。我们都是人，我们都有情感，所以我们会理解这个动作。这就够了。然后他便坐下了。

有人露出质疑的表情。但我觉得他说的很对，只要去感受，去想象那个情景就够了。虽然他有时候有点讨厌，但确实是一个很敏锐的人。

这节课要结束了。马老师说，这周的作业是另外一部小说：美国作家约翰·斯坦贝克的《人鼠之间》。

　　几乎没有人听过这个名字。沉默盘旋了一会儿。马老师打破寂静，说，既然大家还沉浸在《活着》的故事中，我们再布置一个写作作业吧。

　　不少人发出长长的叹息，然后抬头看着屏幕，同时听着马老师说，要求不高，300字以上就行，电子版，重要的是视角和情感。

　　在小说中，福贵身边的亲人一个个离他而去。请选择这些逝世亲人中的一个，以"我弥留之际"为题，写一写他们在死亡来临时的所思所想和可能的回忆。

这是一个愉快的周末。八点多钟，海风不慌不忙地游荡着。我决定步行回家。四公里的路程，走了一个小时。我望着迎面而来的行人和都市街巷中的灯光，开始构思写作。

我选择了家珍。她死的时候很可能只有五十岁，但头发已经白了。马路上，几乎看不到和她年纪差不多的人。这里是全国最年轻的城市。也许对面那个跑步的女人有五十岁了，但她和家珍如此不同。

脑海中的故事慢慢丰富起来。

进门和沙发上的爸爸打过招呼，我就急着进屋。但他让我吃点水果。桌上是切好的拼盘，看得出是他亲自下厨的。苹果上长着一层淡褐色，盘子里有了汁水。

他问我今天的语文课怎么样，我说挺好的，讲的是余华的《活着》。他看过电影，谈论着里面的情节。我吞下一口西瓜，漫不经心地说，那个时代真惨，福贵身边的亲人都死了。他嘴里正嚼着苹果，听到这句话，仰起来的那张脸突然低了下去。

我又吃了一口西瓜，看见他嘴角流出黄白色的汁液，像一个刚长出牙齿的婴儿。我递过去一张纸巾，他笨拙地擦拭着。

我想说点什么，但又不愿意开口。于是，抗拒着涌上来的悲伤，我回到了自己房间。

开灯，坐下去，我迫不及待地拿出电脑，写下了这么一段文字：

我听到有庆在叫我啦，凤霞也在叫，他们挥着手招呼我过去。我没急着走，转头去找福贵，福贵呢？哦，他出工去了，那我再等等吧。我坐在大石头上等着福贵。风把头发撩了起来，我耐心抚平，底下的石头即使隔了层衣服也还是硌得慌。孩子们还在招手，我笑着摇摇头。这性子也不知是随了谁，轴。我往家的方向去看，福贵扛着锄头正往里走，回来了。我跟着进了家门，看见一具身体躺在床上，那是我的。我好像是快要死掉了吧，这么想着，便慢慢走到了床前。我从未像现在这样仔细看过我的身体，虽然皮肤布满褶皱，虽然头发已经花白，但不难看出年轻时的我长得也应该是不错的。便宜福贵了，我没忍住捂着嘴笑出了声。就这么走了，留福贵一个人在这，他怎么能照顾好自己呢？我把头靠在了床板上。福贵熬着粥，米香把胃里的一点酸带了上来，是久违的食欲。福贵拿着碗，盛了点放在一旁晾凉，用嘴试过温度后才端到我的面前："家珍，起来吃点东西吧。"

老 黑 奴 *

1=D 4/4

[美] S.福斯特 曲
邓映易 译配

1.快乐童年，如今一去不复返，亲爱朋友，都已离开家园，
2.为何哭泣，如今我不应忧伤，为何叹息，朋友不能重相见?
3.幸福伴侣，如今东飘西散，怀中爱儿，早已离我去远方，

离开尘世到那天上的乐园，我
为何悲痛，亲人去世已多年，我 听见他们轻声把我呼唤，我
他们已到我所渴望的乐园，我

来了，我来了，我已年老背又弯，我 听见他们轻声把我呼唤。

---

* 美国伟大的音乐家、"民谣之父"史蒂芬·柯林斯·福斯特（1826—1864）创作的一首广为流传的美国民歌。

old black Joe

Gone are the days when my heart was young and gay,

Gone are my friends from the cotton fields away,

Gone from the earth to a better land I know,

I hear their gentle voices calling "Old Black Joe".

（合唱）

I'm coming, I'm coming, for my head is bending low:

I hear those gentle voices calling, "Old Black Joe".

Why do I weep when my heart should feel no pain

Why do I sigh that my friends come not again,

Grieving for forms now departed long ago.

I hear their gentle voices calling "Old Black Joe".

（合唱）

I'm coming, I'm coming, for my head is bending low:

I hear those gentle voices calling, "Old Black Joe".

Where are the hearts once so happy and so free?

The children so dear that I held upon my knee,

Gone to the shore where my soul has longed to go.

I hear their gentle voices calling "Old Black Joe".

（合唱）

I'm coming, I'm coming, for my head is bending low:

I hear those gentle voices calling, "Old Black Joe".

图书在版编目（CIP）数据

X 书店：12 节虚构的语文课．当灾难发生 / 冯军鹤著；葛根汤绘．— 北京：北京科学技术出版社，2024.4（2024.8 重印）

ISBN 978-7-5714-3583-7

Ⅰ．X… Ⅱ．①冯… ②葛… Ⅲ．①作文课 – 中小学 – 教学参考资料 Ⅳ．① G634.343

中国国家版本馆 CIP 数据核字（2024）第 010798 号

策划编辑	郑先子
责任编辑	郑宇芳
责任校对	贾　荣
封面设计	张挠挠　田丽丹
营销编辑	赵倩倩
图文制作	田丽丹
责任印制	吕　越
出 版 人	曾庆宇
出版发行	北京科学技术出版社
社　　址	北京西直门南大街 16 号
邮政编码	100035
电　　话	0086-10-66135495（总编室）
	0086-10-66113227（发行部）
网　　址	www.bkydw.cn
印　　刷	北京盛通印刷股份有限公司
开　　本	787 mm × 1092 mm　1/32
字　　数	31 千字
印　　张	3.5
版　　次	2024 年 4 月第 1 版
印　　次	2024 年 8 月第 2 次印刷
ISBN	978-7-5714-3583-7

定　价：30.00 元